1

A Contraluz

María Baena

Autor: María Baena Luque

Editor: Bubok Publishing S.L.

ISBN papel: 978-84-15490-63-0

ISBN ebook: 978-84-15490-64-7

4

1. SOLA

Igual que el sol penetra en mi ventana
quedo y suave,
pero me quema,
entraste tú en mi vida.

Como la tarde,
apacible y lenta e inagotable
hasta teñirse de noche,
me abarcas toda entera
hasta asfixiarme.

Me comprimes, me amas,
me besas, hasta rodearme
con tu ternura insatisfecha.

Cuando yo me afianzo
tú te acercas,
cuando me caigo
me acechas.

Pongo el pié en la piedra
y te tiendo las manos
y me rodeas
acunándome lento con cantos
de vida entera;
de esperanza en mi fuerza apoyado
te sientes firme
pero si me tambaleo
te tumbas airado.

2. EL SOL VERGONZOSO

A veces
la amargura rodea mi corazón
como las nubes envuelven a la peña,
casi sin darse cuenta
se convierte en horizonte,
en niebla y cielo.

La batalla del sol se hace amarga
y sus espadas amarillas
no son tan duras
como los jirones de algodón
que ocultan la luz.

Sólo el incesante grito de los animales
que necesitan el sol para calentarse
hace que caiga la niebla
sobre los matorrales.

Su cara se oculta en las nubes
para que los niños
que a lo lejos lo miran
se alboroten chillándole
para que salga.

Pero cuando se instala
en la cúspide del cielo,
fuerte y caliente,
la luna sale
rondándole la tarde
blanca y transparente.

El se envanece
y le canta baladas,
quiere meterse
entre la túnica roja
del horizonte
mientras la luna sube sobre la noche
para cogerle.

Pero él se esconde para que ella
con sus ojos oscuros lo busque
y se hunda en la tierra
casi agarrándole.

3. LA FAROLA

Cuando el sol atiende
dividido sobre tu ropa,
me quedaría mirándote
aquí sentada.

Tu libro se cuaja de sus lunares blancos
saltando en las páginas
para distraerte,
pero tú, ajeno, le cambias las hojas,
la tarde entera
y los lunares blancos, persiguiéndote,
se suben a tu cara para cogerte el alma.

La noche llega,
los lunares se esconden
tras las paredes.
La farola se alegra
candorosa al verte,
su cara se pone roja
cuando a ella te vuelves.

Sentado en su regazo
con su luz te adormeces
hasta que mi voz, lejana y en el tono de siempre
te mete en el salón,
despacio, ausente.

Yo cierro la puerta
y la farola
en silencio y huidiza

quiere meterse
enredada en mi falda
y en mi frente,
pero le corto el paso
con un cerrojo fuerte.

Llora la noche entera
en la ventana,
hasta que al día siguiente
el sol trepe por las paredes
y la deje muy débil,
casi yacente.

Yo, por pena,
le corto su hilito de vida
hasta la noche que llegue.

4. EN LA TERRAZA DEL BAR

Entre las calles calientes
la brisa se cuela lenta.
Los olores descienden al suelo
y en mi mente quedan sus recuerdos.

Una silla cerca de una mesa blanca
me espera discreta,
me toma en brazos, clavándome sus costillas.
Los pies me duelen.

El camarero llega,
me habla deprisa,
no lo entiendo
aunque le cuento mi urgencia.

El rato pasa perezoso, fresco y distante.
La noche se acerca tímida,
yo me levanto y pago.

Los adoquines me llevan otra vez
a mi calle,
a mi casa oscura y callada.

Mis manos tantean la luz hasta conseguirla,
y me dejo caer en el sillón
mirando a las sombras que se cuelan por la
.   ventana.

5. EL SUEÑO DEL VERANO

Atrapada la luz
en una cárcel de madera
se arrastra por el suelo, tenue.

Encima de la cama
respiro, mirando los mohines claros
que se esconden entre las sombras.

El calor sale llorando
de entre mis pechos
y todo está sereno.

Un perrillo ladra inquieto
en la calle.

Otra vez el silencio.

Morfeo entra en el cuarto
y embrutece el pensamiento.

Pero a su pesar
oigo tus pasos
que llegan, rozando suave
mis sentidos
y los despiertan levemente.

6. 20 DE NOVIEMBRE

Abriéndose apenas la luz
cae al pasillo;
es fría y blanca en este tiempo.

Ilumina como una lanza su corto espacio
y espera a que la vea
para que la admire un rato.

Pienso en pintarla,
en atraparla en un papel.

Dejo que se afiance junto a la silla
y la miro, hasta que desaparece.

Creo que en Noviembre
la luz entra en las casas para calentarse,
por eso se hace silenciosa y diminuta,
y sólo la ves agachada y huidiza,
metida entre los muebles.

Por eso a mí me gusta acecharla en silencio
como la gata a los pájaros.

7. ESPERA

Me siento con un libro en las manos
y mi mente sabe que está esperando.

Soy una sucesión de esperas diminutas
que tejen todas mis mañanas,
mis días,
mi tiempo.

Siempre hay en mi pecho una alarma atenta
dividiendo el momento.

Las horas corren
rodeando los cuartos.

Espero inquieta,
mientras la casa salta colocando su ropa.

Espero pacífica, mientras el fuego
espesa la comida en su centro.

Espero sentada, con mis manos
enredadas en los cuadernos.

Espero quieta, con los ojos cerrados
y los oídos abiertos.

Espero entre las sábanas, el peso
de tu brazo sobre mi alma.

8. DESEO DE LUZ

La lluvia me hace llorar,
me deja triste.

La humedad eriza mi piel,
y un frío
que no sé de donde viene
me penetra cruel.

En el sur, la lluvia
es la puesta del sol,
por eso me gusta.

Aquí la lluvia me acorta,
me achica;
es la entrada al pozo
donde los culandros crecen
sin apenas luz;
es triste.

Mi alma sedienta de claridad
quiere aprender a sorber
la fuerza de la luz,
como los culandrillos
atrapan hábiles
las cuentas de lucecitas
que caen de entre las nubes.

Pero creo que en el esfuerzo
me hiero tanto
que me desangro

y mi vida se escapa
como el agua entre las manos.

A veces creo
que sólo sobrevivo aquí,
y que las nubes
me ocultan la belleza
que me gustaría descubrir.

El verdín ha crecido en mi alma
y el sol resbala sin atraparla,
el sol que un día guardé
de mi esperanza
se muere triste
sobre mi alma.

9. LA CASA

Hay una casa en mis sueños
llena de celosías
que me ciernen la luz,
me la bailan,
que la posan en mi piel
cuando me siento a mirarla.

Por entre sus rejas caen
gitanillas y albahaca
y el jazmín de la escalera
me penetra hasta el alba,
dejándome su olor
grabado en las entrañas.

Siempre el amanecer
me despierta con silencio;
en el quicio de la puerta
se recuesta la sombra de los almendros.

Las tardes en calma
adivinan mis recuerdos
y se posan frescas en mis pies.

Las noches
llegan claras hasta el día
porque la luna llena
se derrama suave, sin aliento
en el azul cobalto de mis sueños,
y como en las noches de los cuentos
siempre es bello el amanecer

y amanece en un grato silencio.

La luz se vuelve a filtrar
por las celosías
cuajadas de luces rotas
pintando el suelo de azul
de albahaca y sueños

10. ESPERANDO EL REGRESO

Tú,
como la ventana por donde entra el sol,
como la ventana en donde oigo la lluvia de otoño,
eres donde me asomo a la vida,
donde pongo mis ilusiones,
quien se cierra para que el frío no me hiera
y quien se abre
para que mis ojos acaricien el aire.

Tú,
quien cada mañana
me tocas dormida
y que a veces solo en sombra me habla
pero que en cada palmo
de mi piel te llevo
como besos de brisa que cantan.
Cuando oigo el agudo silencio
rondar por mis oídos
y la luz de mi cuarto alumbra la casa
te siento en mi alma,
llevo tu corazón aún en mis dedos
y tu olor lo siento cálido en mi almohada.

Mis ojos quieren dormirse con tu aliento,
kilómetros se han puesto entre mi noche y tu
                                        sueño.
Atraigo a mí un libro
sin apenas proponérmelo
para que me acompañe en la noche,
en el silencio,

y sus letras me acunan
con cantos suaves,
con versos.

El me habla de lo que yo no quiero,
de amor tierno,
de noche cálida,
de besos,
y sigo queriendo soñar contigo
y no soñar al mismo tiempo.

11. EL JAZMIN

A veces mi corazón se encuentra en una jaula
tan dura que duele
y no sabe salir de ella.

Por entre los barrotes le entra
el perfume a jazmines,
ese jazmín chiquito y silencioso
que vive en mi terraza
y que me cuenta el olor a mi casa,
la luz del sur que apenas recordaba.

La suavidad de sus pequeñas aspas
que cada mañana caen al suelo
me marcan los días,
me llenan de vida,
me apagan la angustia
que a veces hay en el cuenco de mis palabras.

Esas flores pequeñas
blancas
liman los barrotes de mi corazón
cada mañana,
y siento su aroma suave
subir a mi boca,
tocar mis ojos
como una pincelada de luz divina
que diera un maestro
a un lienzo acabado.

Toda la belleza
se arremolina en una flor,
toda se agolpa de pronto
en su pequeño latido de vida,
y con su olor
me inyecta antiguos recuerdos
que me vuelven a la vida,
a la vida de ahora
luminosa y pacífica,
que agarro fuerte para que me ayuden
a salir cada mañana a la terraza
y aspirar toda la brisa
con olor a jazmines
de mi casa.

12. LA MUSICA DE LAS PALABRAS

Todas las palabras
llevan su música dentro;
algunas, cuajadas de agudos,
gritan sobre el papel
como gatillos hambrientos;
otras, según las dejo,
se resbalan por la cuartilla
suaves, silenciosas
y sus notas apenas me susurran
velados cuentos.

Las más atrevidas
se me empinan en la frase
y cual cabecitas deslumbrantes
se buscan
para rimar con las más dulces.

A veces se quieren amontonar
todas sin orden
pero yo intento
ordenarlas con armonía
para que de sus senos
salgan
rompiendo a veces el riel
notas que me recuerden
sonoras voces
que mi pecho esconde.

13. DESACUERDO

No hay nada en mi vientre
que no palpite,
ni en mi mente que no me agite,
ni concibo tu risa sin que me alegre
ni tus manos sin que me acaricien.

Todo en mi interior se arremolina
y me engulle y te engulle.

Debo andar por senderos tranquilos
pero me empino a los cerros
porque mi corazón quiere volar
más alto que mi cuerpo.

Quiero vivir
todas las vidas de la tierra
reír todas las risas
y llorar todos los llantos,
pintar todos los colores,
captar todos los matices,
recitar el magnificat
y gritar todos mis gritos.

Pero siempre contigo en mis ojos
porque eres mi andar y mi cuerda
y mi hatillo al hombro.
Porque tú no lo sabes
y no te lo digo
pero juntos quisiera
terminar de recorrer el camino.

14. EN LOS SUEÑOS

La luz se cuaja en el cristal,
se escapa despacio de la vidriera.
Los árboles mecen las sombras
y los pájaros gritan a la tarde
trayendo fresco en sus alas.

Resbala por entre las hojas la claridad
y mis ojos se acoplan
a su espesura verde.

En la silla de enea
mis pensamientos se mecen
para adormilar mis sentimientos que saltan
cada vez más despacio
y se agarran a la ventana de mi pecho
anhelando besos
que se prendieron, hace mucho,
en las hojas del naranjo.

Mi piel huele a azahar
y mi pequeño aliento
se desliza
queriendo quedarse, invade toda mi sangre,
vuelve a mi boca
y salta en palabras.

¿Dónde estás?,
que sólo te consigo vivo en mis sueños
y en mis sueños dueles.

¿Cómo ponerte de pié
en mi piel
si ardes en mi cama
y en mi vida duermes?

¡A quién dirijo mis añoranzas
si sólo en un rincón pequeño de mis pensamiento,
de mis sentimientos vives!

A veces te acuno
sentimiento hiriente,
para que no llores
ni me rompas el alma.

No te quiero alimentar
pero por las noches tú saltas a mis sueños
y me dejas anhelo en la piel
y mis surcos heridos
recuerdan tus manos
y ese día estoy triste.

15. GUARDIA

Hace algún tiempo
cerré mi puerta,
atranqué mi alma,
tú te sentaste
en el poyete, esperando.

Regaste el arriate,
recogiste las hojas secas
y guardaste mi puerta
tarde tras tarde.

Cuando el sol se iba
tú venías
y cuando él salía por la colina
te resguardabas en tu casa
pensando qué podías hacer
con mi carácter terco
para que me asomara,
aunque fuera a la ventana,
y habláramos.

Debajo del alféizar
sentía tu retahíla
de cuentos nocturnos
y el amanecer me cogía dormida
escuchando tu voz.

Una noche no oí tu perorata
e intranquila salí a la ventana.
Estabas dormido bajo el alféizar

y tu libro se abría con la brisa,
me senté a tu vera
esperando la mañana.

16. BUSCANDOTE

El amanecer
estaba encima.
El cansancio lo sentía en la boca
dentro de mí.

Estaba junto a la luz roja
que chisporroteaba
en la ventana de mi cuarto
que se tornaba en frío
cuando el ruido saltaba poco a poco
                                    al día.

Una suave candela
ardía en mi vientre
y en mi memoria.

Los ojos se fueron cerrando
con el recuerdo quieto
dentro de mi alma,
tu voz volvía ahora más real ,
llegué a confundirla con la verdad,
y la blancura del día
me marcó la cara,
los ojos,
todo se me echó encima
como una manta mojada,
como una ola fría,
y creí que era entonces ese día,
confundí el aire con tu peso
la luz con una caricia

y el murmullo con tu risa,
con tu canto.

El amanecer
y el cansancio
me sacaron a la calle
y anduve otra vez
la acera automáticamente
y al llegar a tu puerta me paré
como siempre.

17. PLASMANDO LOS SENTIMIENTOS

De entre mis dedos, de la tinta,
me salen más sentimientos
que de mis labios
y a veces riman.

Los encarrilo por los "cuadritos"
suavemente.

Otras,
ellos toman su sendero sin tenerme en cuenta
y hablan por mí,
dibujan mis sentimientos,
mi cara.

Sacan mis lágrimas a los ojos
tan suavemente
que mi alma se queda limpia
de esa tristeza
que cubre mi pecho
como un papel transparente,
sin dejarlo respirar.

Me hacen fermentar y arrastran
todas las hojas que se posaron y no quité
por miedo a herir,
por no saber cómo.

A veces escribo y escribo
fluye tan rápida la tinta,
los sentimientos,

que no los reconozco cuando los leo.

Veo a otra persona, otros cantos,
y me alegro de tener un papel
que recoja mi dibujo gráfico
y que me recuerde tanto a mí.

18. LA NEGRA

Penas, fuego a veces
arde en mi centro
y me inquieta y me consume,
me acelera,
se come mi fuerza
o me empuja hacia fuera;
tiene nombre de vida
y se disfraza de miedo
pero su ritmo palpita
hasta hacerme saltar sobre mí,
en mí,
y darme cuenta de que es la vida,
la que apenas recordaba,
que viene intensa, fuerte
a mis venas
y como un soplo
que ignoro su procedencia
me lleva.

Ahora que Tú, Negra,
rondas mi calle
yo me alío incansable
con el agua que bulle
alegre y activa
en mi centro, en mi vientre,
y te temo, Negra,
como nunca lo he hecho en mi vida.

Me asustas,
porque no conozco tu cara.

¿Dónde me llevarás?

Algún día
tendré que habitar contigo
pero déjame
que termine de cantar,
de llorar y de andar
el camino con mi nueva amiga,
que intime con la vida
que apenas conozco
y después,
a regañadientes, pero quizá satisfecha
me iré a tu morada
y en tu patio
plantaré otro naranjo
para que me haga de puente.

19. DONDE HABITA EL MAR

No muy lejos de mi casa
habita el mar,
apenas lo veo ni lo siento
pero su humedad salada
me envuelve
como un beso cada mañana.

A veces lo visito,
lo percibo sereno
y su ruido suave y denso
me acompaña todo el camino
ahuyentándome los pensamientos,
llenándome de azul-verdoso
y de algas y peces.

Mi sangre se vuelve salada
y golpea tan rítmica como sus olas
y mis pies se aceleran
o se aquietan según su tambor de agua verde.

Alguna noche le oigo, franco,
desde mi ventana abierta
 lo imagino triste, furioso,
sé de su golpeteo en el malecón de hormigón
y me entristezco;
le gustaría salir de su recinto estrecho
hasta llegar, manso,
a playas más lejanas
hasta esconderse
y caminar por las calles despacio

como mucha gente
que él observa en su camino
y detenerse.

Pero su corazón azul-verde
late con fuerza
y no le deja que pare
hasta que ya, cansado,
retrocede despacio
lamiendo la arena fría, dura,
y pensando que a veces
no es su corazón fuerte
quien le empuja a enfurecerse,
que es la luna observadora del cielo
que, por atraerle,
juega con él
y le vuelve loco
hasta agotarlo.

20. EL SUFRIMIENTO

Este pueblo enfermo
que en su vientre tiene
los ojos vendados de muchos
el miedo de otros
y la simiente
de la verdad que crece.

Para unos la verdad es sangre
turbia y espesa con odio siempre,
para otros la verdad es olvido,
vivir el presente.

Nos pasamos el testigo callados,
ausentes,
y el testigo pasa entre las manos
callosas, serenas, hirvientes.

Él sólo siente,
su voz está segada
por los muertos y por los vivos
que no hablan pero sienten.

Todos tenemos el corazón herido,
pero a los que más les sangra
quisieran cerrar sus heridas,
seguir sin ellas para siempre
y dejar que las canciones suenen,
no las del odio, sino las de siempre,
no las de duelos
sino las alegres,

y vivir hacia adelante, vivos.

Cuándo nos daremos cuenta
que olvidar es no odiar,
que el odio anida en el corazón
atándolo para siempre.

El latido tiene que ser libre,
libre incluso de ti,
libre para la vida,
libre para no cantar estas canciones
que son de vida
pero también de muerte.

21. LA GATA

Hoy mi alma esta vacía,
mis sentidos dormidos.

Suavemente me pasa por entre las piernas la gata
y una leve sonrisa
asoma a mi cara,
viene a ver cómo estoy
y se queda conmigo,
saludándome dos o tres veces
y mirando, como una madre
para descubrir qué me pasa.

Se acerca mucho a mí
y a mi vera se instala.
Creo que para ser feliz sólo hacen falta los
                                        sentimientos.

Ella, sin saber yo por qué,
capta la situación,
y yo, pensando, la divido, la analizo,
y llego a la misma conclusión
que ella llegó con su instinto
pero mucho tiempo antes.

22. SOSIEGO

La noche llega a veces
con sus sombras dentro.

Su quietud es tan densa
que cualquier ruido la hiere
como se hiere a los niños
con la mentira del silencio.

La noche a veces es tan oscura
que no se ven las estrellas
como cuando sueñas
un sueño de muerte
y se te mete dentro
ese miedo
que te deja la noche en vela
para no volver a "verlo".

La noche a veces es tan fría
que no te encuentro,
me desvela y me inquieta
igual que los cuentos de "ánimas"
en noches de campamento.

A esas noches tan largas
sólo me las alegra el día
cuando rompen inquietas
las luces por mi persiana
y me despiertan suaves,
raya a raya,
matizando de amarillo

mi colcha y mi almohada,
entonces los tonos ocres
me sosiegan, me descansan
y el sueño entra en mí,
como la luz en mi cama,
lista a lista,
tenue y callada,
y como una droga solemne
en mi cuerpo se derrama,
y me aquieta y me apaga
sabiendo que dentro de poco
será la mañana,
la que me vence queda
para despedir a la alborada.

23. LA TARDE EN EL MAR

Azul va la tarde hoy
azul ultramar callada.

Sólo la ilumina el mar
con sus antorchas aguadas
que se escurren hacia la arena
que se derrama dorada.

El viento apenas canta.
La luz se esconde escarlata
por el "Serantes" tan gris
que me parece de lata,
de lata con ascuas dentro
de las que se avivan al aire
para echarlas al brasero.

Aunque este mar no es mi mar
de tanto andarlo lo quiero
y me sabe igual su sal,
su marea y su aliento
y por mis venas también va
unas veces alegre
y otras en lamento.

Me arrulla igual por las noches,
me besa igual si me acerco
pero el sol de sus entrañas
es menos rojo,
menos fuego,
y no se me asoma al alma

tantas veces como quiero.

Pero el mar siempre es el mar
con sus pececitos dentro
con su vientre líquido y ágil
y sus barquitos en silencio.

El ruido de sus olas
con fuerza me asalta inquieto,
otras se lleva mis penas
y la mayoría de ellas
me tira luces de algas dentro.

24. LA SEMILLA DEL OTOÑO

Esta noche tiene magia
en su boca y en su cielo,
como ovejas se arremolinan,
las nubes,
la luna las ilumina
porque está lleno de luz su seno.

La Peña se adivina verde
como los olivos prietos
que recuerdo de Alcolea
en el cerro donde vivía mi abuelo.

Todo es un cuadro inmenso
que han pintado los siglos
y mis recuerdos de dentro,
todo una canción de colores
que se mezclan sin quererlo
en la paleta de mi vida,
del paso de mi tiempo.

Sólo me falta ponerle
la luz del blanco más intenso
para que mi cuadro termine
con vida de otoño lleno,
ese otoño que guarda la semilla
en su tierra fría dentro
para que cuando la luz la caliente
de verde se cubra el suelo.

25. LA IMAGINACION

"Arrecías" tengo las manos
de la mañana tan fría,
y mi corazón en ascuas.

Mi pensamiento da saltos
como la luz primera y blanca
y se anima de pensar
que a través de la mañana
la luz en fuego se hará
llamando a la tarde larga
que encienda el olivar
y a las tardes eche a volar.

Suave entra la luna,
suave la noche va,
los ruidos se esparcen
pero su claro grito entra
hasta el alma,
mas,
¿qué tienen las noches de invierno
para tener en su vientre tanto frío
y tanto tiempo?

Destellitos entre las ventanas salen,
el calor se adivina dentro
y el sendero de tanto andarlo conocido
lo adivino entre mis pies ligeros.

Sobre mi cara la helada,
sobre mi cabeza el cielo

y sobre mi alma el silencio
que mi corazón interrumpe
con sordos saltos, inquieto.

En mis ojos no hay estrellas,
no veo la luz de la luna
sólo llevo tu cara
tallada en mis pupilas,
sólo la luz de tus ventanas
a mis pies y a mis ojos
guía.

Mi latido a tu puerta llama,
mi respiración encendido lleva el fuego
y mi recuerdo se hace
motor de mi cuerpo entero.

A veces el "sueño" es más bonito
que la realidad de la casa,
pero el "sueño" también es verdad
hasta la "llegada".

26. DESPEÑAPERROS

Campos que yo no recuerdo,
campos que estáis en mi olvido,
cuando a lo lejos os veo
mi corazón salta
y mi vida llora como "blandura",
sin lágrimas,
pero tan fría y con tanta pena
que os quito de mi pensamiento
tan pronto como saltáis de la niebla,
suaves y verdes como fantasmas
con alma de aceituna negra.

Vuestro olor me penetra,
vuestro invierno me inunda
de frío el cuerpo y de calor la vida;
despierta mis sentidos,
corren del vientre al corazón
llenos de soledad y ternura.

Guardo mis lágrimas
porque nadie las entiende,
para que nadie las vea,
y como una gotera suave pero continua
están hiriendo mi ser,
mi pena negra aceituna
y no se de dónde
mi sangre sale fluida.

Pero tú, paso a olivares,
lo sabes de tantas veces

que no vuelvo la cabeza
cuando dejo tu "callejón de piedra",
y mi aliento tu tierra mancha
viendo que me voy sin vida.

De tanto llorarte a solas,
de luego poner sonrisas
la gente no te adivina, "corazón",
con sangre negra de aceitunas.

27. FUERZA

Me siento como torrente.

Como sillar y cimientos me presiento
sosteniendo firme y segura
lo que en mi seno llevo.

Dirijo con mi solo estar
los ánimos de mi casa.

Si en mi cara hay sonrisa
sonrisas tiene mi casa,
si llantos, ella llora más que mi pena,
y a veces de tanto estar
las fuerzas se me diluyen
como la sal en la mar.

Y es la luz, sólo la luz
que entra por la ventana
la que sin verla apenas,
 con imaginarla,
me inyecta serenidad,
me recuerda que sigo siendo sillar
para que todos se apoyen en mí
sin yo tener que hacer nada,
sólo saber estar.

El sol también me recuerda
que con ser él ilumina,
que la niebla con sólo aparecer
humedece,

y todo en su vientre reverdece,
¿por qué a mí que soy sillar
me preocupa que se acerquen
y qué en mí se sienten
para reír o llorar?

Hasta que la vida me desgaste
el sol y el agua me acariciarán
y reiré con las risas
y las lágrimas me humedecerán,
el tiempo pasará por mí,
la tierra me tragara,
y mi esfuerzo será inútil
porque sigo siendo sillar

28. EL COMBUSTIBLE DE LA VIDA

Dentro ardes lento
como los montecillos de tierra
donde se hace el cisco.

Dentro vives
como un nido de golondrinas
alto, y con ruidos tiernos.

Dentro que dueles,
que te quiero sacar y me ahogas
al mismo tiempo,
muriéndome en cada instante
y al otro instante viviendo,
porque por mi sangre corren
tus palabras, tu aliento.

¡Qué haría yo para callar mi pensamiento!

Lo acuno pacífico un día
y otro se subleva ardiente,
como un trigal en llamas,
 como un verano sin agua ni viento.

Pero tú,
amor que dueles,
me traes y me llevas,
me enciendes
y como carbón al rojo vivo
eres mi combustible siempre
y me mantienes viva

y cada día sigo
porque espero tu risa y a ratos la tengo,
tus palabras y las encuentro,
y tus ojos me inyectan alegres
el aire que insufla las velas
y el sabor que los besos sueñan.

Con cada golpe de mi corazón
tu corazón siente,
como vieja canción añorada
palpita tu sangre en mis sienes,
como manantial que surge de venero
surge el sentimiento de mi vientre
meciéndonos cada noche en silencio,
sin palabras ni abrazos ni gestos;
se adormila mi vida en las noches
para palpitar con recuerdos nuevos
a la mañana siguiente.

29. ESCONDIENDOTE EN EL SUEÑO

Hoy mi entorno gira,
mi pensamiento es como un remolino
que divisa a lo lejos sentimientos
apenas notados,
pero que colorean la débil división del suelo y el
cielo.

Hoy percibo tan claro
el brillo de tu sonrisa
y tan viva la alegría de tus ojos,
que te siento dentro.

Y sólo dentro de mi tierra estoy,
tan dentro y tan lejos como ella
y tan distante el tiempo
que sólo puede ser una ilusión tu presencia.

Tú siempre vivo estás en mis sueños,
sólo en ellos la muerte no te alcanza,
sigue en ellos,
escóndete de "la negra" que sólo en el
inconsciente
que yo tengo dentro
no te encuentra.

Y si es verdad que la realidad
es una línea tenue
que a veces en el sueño está
y despiertos se nos pierde,
sigue riéndote en el sueño de la muerte,

que cuando me llames
a buscarte iré
y la noche nos esconderá
de "la negra", como tantas veces.

30. LOS COLORES Y LAS LETRAS

No sé que me arranca más,
si los colores
o las letras.

Con los colores me sale la suavidad,
el azul placentero,
la niebla que me envuelve aquí,
el verde que tanto quiero.

El cielo se vuelve blanco,
gris a veces.

La fuerza la llevan los naranjos
con el sol dentro,
peleando con la mimosa
y cuajando el albero de lunares,
saltando según se les antoje a las hojas,
dando entrada a las lanzas blancas del sol
hacia el suelo.

Por las letras, no por las palabras,
me sale el fuego
como si de un horno se tratara,
con la puertecita cerrada
cálida me siento;
cuando ella se abre
salto en llamas
y ya me quemo yo en mi propio incendio,
pero sólo el papel me reconoce
en ese espejo de plata,

el papel y mi corazón
que sabe de esas historias calladas
y que pujan por salir al encuentro de las palabras.

Mis cuentos lo invaden todo,
todo lo colman, lo atrapan
y se expanden como el fuego y el aire juntos
y como la brisa tenue,
sólo lo notan
los que atentos saben sentir
historias calladas.

31. LA RUTINA

Uno a uno
los días se me amontonan
serenos, casi iguales, con suavidad aparente
y cargados de un bienestar que me recuerdan
a la caída, no muy pendiente,
de un tobogán
en una tarde de verano cuando el sol ya se

esconde

y la brisa llega nueva, alegre.

En este tiempo
la serenidad está en mi alma,
se acostumbró a levantarse
con el cuerpo cansado ya,
jadeante, pero con el pensamiento en la ilusión
de un día nuevo
y de un canto a la rutina
que es caliente, sencilla y tierna,
queriendo que siempre sea así
aunque la matice de distintos colores,
pero siempre monótona en lo bueno.

Que las mañanas sean de trabajo
de saludos a las macetas,
de podas o de riegos,
las comidas en la mesa
llenas de bromas, discusiones o silencio,
las siestas de lectura,
y las tardes, calientes y lentas,
con los libros sobre la mesa,

la gata en el regazo,
estudiando largos temas,
se me adosen a la noche
donde me llama la cena
para reír otra vez
o cubierta de encuentros.

Ver llegar a unos
e irse a otros
y yo seguir en mi rutina
que tan variada es
y tan agradable la siento.

32. EL AZAHAR DORMIDO

Enfrente de mi ventana
hay un limonero solo y triste
que intenta sacar hojas nuevas
cuando algún rayo de sol
casi por curiosidad
se posa en él.

Pero aquí el sol en invierno es tacaño
el gris del cielo lo vence con frecuencia
y el limonero llora su ausencia.

Espera la llegada de una primavera
que no aparece
y su azahar duerme entre su savia
eternamente.

Sus hojas en el verano
se ponen muy verdes
y el olor entre las ramas
surge más fuerte,
pero sus flores blancas
de novia,
se duermen en el tronco
esperando a su primavera anhelada
que no vuelve.

El otoño sus sueños calma
y le hace desear cálidas noches
y claras mañanas,
y piensa que llegará el año

que las alboradas
lo despertarán con frías agujas
de fría escarcha,
derritiendo luego
la espada blanca
penetrando en su tronco
ya de fuego inyectada;
y el atardecer
lo sorprenderá rojo
tiñendo de negro
su silueta en la noche
hasta esa mañana...

33. EL POZO DE AZOGUE

Mi pensamiento hoy ha sido para ti,
Dios de la nada.

Para comenzar con la serenidad
de una roca de la playa
que aunque el agua le azote
y el viento le grite,
ni su piel de verde musgo
se altera
ni su corazón de piedra
salta de ella
camino de otra arena
más dorada.

Hoy mi pensamiento está sereno
como un pozo, en un desierto
con agua,
donde los caminantes llegan,
se sientan al lado de sus palmeras,
se inclinan sobre su brocal y se marchan
dejando su fondo tranquilo
como de azogue,
hasta que el siguiente andante
lo agite de nuevo sin asustarle.

Quiero llenarme de esta agua serena,
de este pensamiento,
para que cuando la tormenta llegue
y me haga trizas mis cimientos
y me grite el aire

hasta que mi corazón salte,
meterme en el pozo de la paciencia
de la quietud serena
hasta saciarme,
y cuando de ti me harte,
agua serena,
encaramarme a tu soga,
Dios de la nada,
y seguir mi camino
a ninguna parte.

34. EL CERROJO

Como a la luz que agujerea el suelo
entre las hojas,
como el calor en un sueño,
como la sombra que se disfruta al atardecer
sentada en un malecón de piedra
ahora te siento,
traído en una canción del olvido
pero que prende en mí al instante
con sus primeras notas,
como las nubes refrescan
antes de tirar sus gotas
en el verano.

Me siento mansa y clara
como una alberca recién llenada
cuando te espero cada noche en casa.

Las últimas líneas que leo
cuando suena en el reloj "la hora"
más aún las saboreo
si tus pisadas asoman
por el cuarto mientras pienso,
se puede echar el cerrojo,
ya estamos todos dentro.

35. DESTINO

Tengo el corazón tan sosegado
que me recuerda al agua
mansa y serena
de un río al final de su cauce.

Es sereno
pero ha movido piedras.

Es tranquilo
y ha horadado montañas
para llegar a su destino
sin proponérselo,
sin saber siquiera cual era,
se ha dejado llevar sólo por su alma.

Es suave en su término
y al principio ha saltado
de roca en roca
como una niña zangolotina y pequeña.

Es cristalino
y los días de tormenta
se ha vuelto turbio,
como alperchinela.

Su seno tiene
un mundo propio dentro
que lo esconde celoso
como amante discreto
y que apenas se advierte

porque el agua lo disfraza
de colores miméticos.

Es delicado
como la piel de una pareja enamorada
pero se eriza sedoso
atropellado
y de cólera lleno,
antes de arar el valle,
cruel y terco.

Mas deja vida
fuera y dentro
esparciendo su humedad,
su aliento,
como un dios mítico, sereno.

36. REQUIEM

Una vela enciendo, atenta,
fiadora de tu presencia,
deseosa de que la luz te atraiga
o esperando que ella llegue
más rápida que mi pensamiento
al sitio que desconozco,
al sitio que quiero que estés
aunque sea dividido en mil pedazos
como gotas de agua en un lago,
o enredado en el viento
metiéndose en mi alma cuando respiro
y haciendo que vivas
para que más tarde,
yo me enrede contigo.

Quiero asirme a tu nombre
y ser indefinida para siempre
en el deseo de quien muchas veces
me abrazó estrechamente,
dejando el calor del amor en mi cuerpo
y la luz de su mirada en mi pensamiento.

Pero no quiero palabras vacías,
de siempre,
que a nadie dan consuelo,
que, como pócima mágica,
angustian a los que te quieren
y a los que, como mucho, en Dios creen.

No quiero cuentos de hadas

que sacan de su tumba a la gente,
ni esperanzas tan fantásticas
que se te pare la sangre al recordarlas.

Espero que si un Dios existe
no sea ese que no entiendo,
espero que sea el que mi corazón ha llevado
tanto tiempo como amigo,
y como amigo me ha guiado,
me enseñó a disfrutar de la vida
y con la vida me amasó
haciéndome vida en cada puñado.

37. EL ENFADO

Hoy mi pena se clavó
en medio de mi vida,
de mi corazón.

Sólo quiero gritar, llorar,
pero sigo sentada, leyendo,
como si tu "puñalada" no sangrara,
no sintiera, no existiera.

Me siento muerta, rota,
con la tristeza en el pensamiento,
en la boca.

Se ha helado mi sangre
y sólo mi alma llora,
mi vida se rompe como el cristal,
mi pensamiento se envenena,
y el aire de fuego se hace
al respirar.

Ahora, la soledad me rodea,
quisiera hundirme en la tierra
deshacerme como el agua en ella.

Pero mi boca seguirá en silencio
porque tu puñal me lo lanzaste
y yo lo tengo.

38. LA LUZ EN LA CORTINA

Es la luz la que siempre rompe mi tristeza,
la que me hace captar fuerte a la vida
que me siento tentada de atrapar tantas veces,
al rayo que en Enero se mete en mi cuarto,
casi a escondidas,
y pegarlo en mi alma para siempre
y siempre tendría la vida.

Pero eso es mi sueño solamente,
mis ansias de asirla,
mis recuerdos de observarla en la ventana,
y mi vicio de esperarla a la mañana
hasta la siesta que se cuela entre la cortina.

Es la luz,
la infinita,
la distante,
la que se mete en mi sangre,
y como carbón lento que arde
me empuja siempre
hacia la otra orilla.

Es la luz de tus ojos la que a veces encuentro
casi siempre engarzada a tu sonrisa
que se me confunde como el agua y la tierra en la
                                    marisma
y me penetra hasta el vientre.

Es en tus pupilas la vida que me da la luz
y si me miras me mantengo viva.

Es la vida la que sale por tus ojos,
por mis ojos,
y enciende el día
para amarrar tarde tras tarde
la luz de la ventana a la cortina.

39. EL TOLDO

El toldo gris se echó en tu cielo
y me quitó, muy lentamente,
la luz fuerte que salta en mi adentro.

Alguien corre pesadamente las cuerdas,
tan despacio,
que la noche le sorprende en esa labor diaria,
pero a veces el sol penetra entre sus boquetes
y con fuerza azota su gris vela
como brisa ligera que empuja
a un barquito sin que nadie se oponga
a su guía a ciegas.

Y cuando esto ocurre
mi alma no se asoma a la ventana,
se esconde entre la blancura de unas hojas
y se cuenta cuentos de olores,
de fuegos que arden con fuerza,
enciende un brasero con cisco negro de recuerdo
y se sienta serena
para traer toda la fuerza de su canto de sirena
y plasmarlo, amargo o dulce,
según venga,
y mecerse con la nana de los sueños
y dormirse en el calor de unos brazos de madera
hasta que la luz la despierte,
la luz que lleva dentro.

40. INICIO

Hoy, la flor de los amarilis,
blanca aún,
entre sus hojas intensamente verdes
la he descubierto;
como flecha luminosa
me señala que acabó el invierno.

Y yo me alegro,
reviso todas las macetas
al encuentro de más primavera,
de más vida surgiendo,
me siento inquieta por mi encuentro,
y noto
que, antes que yo, ellas lo saben.

He salido una y otra vez a la terraza,
he abierto las ventanas
esperando que el sol que no veo
penetre.

Algún rayo débil y vergonzoso
roza a los claveles,
asustado aún del frío tenue
que pinta al cielo gris.

Pero las flores fueron valientes,
y arremetieron contra el plomo pardo que las rodea
e impusieron sus colores
para regalarme su primicia
llenas de ternura,

y me contaron sueños
cargados de olores débiles aún,
pero pujando en capullos pequeños,
como la alegría de mi cuerpo
haciéndose fuerte
y delicada a un tiempo,
como la vida misma
enroscada en sí
para poder florecer
cada simiente.

41. LA PALOMILLA

Una palomilla mantengo viva en tu nombre
todas las tardes.

Casi siempre serena se yergue
y calienta la diminuta estancia
de un vaso de cristal grueso
que es su casa.

Un aroma cálido
y de sobra conocido
me acompaña en mi estudio
me distrae a veces indiscreto
y se asoma a mis sentidos
para captar mi pensamiento ajeno a ella.

A veces salta
como si el aire la moviera empujándola
y sus colores se mezclan rápidos,
peleándose el azul con el amarillo,
juntándose apenas,
como si con un pincel fuera atrapada.

Pero ella a tu nombre va
tarde tras tarde
y yo, incapaz de pensar en ti todo ese rato,
le encomiendo esa misión
que sigue a rajatabla
hasta que su vida se desgasta
desleída lentamente
en el oxígeno y el aceite,

y la voluntad de mi fuego
que la prende siempre
hasta que su pequeña vida se apaga.

42. LA PRIMAVERA DE LA TERRAZA

Me asomo a la primavera
cada mañana en mi terraza
y admiro la rapidez de la naturaleza
en sacar sus flores nuevas,
sus capullos al aire.

Con tan pocos cuidados de mi parte
y con la sola presencia
de una luz más intensa,
de un sol con más fuerza,
la vida se agita frágil,
como un fino cristal
dentro de mis macetas.

Sólo en unos días han brotado,
como por arte de magia,
diminutas plantitas que ya creí muertas
y un olor intenso a limonero,
hierbabuena y romero,
me saluda de prisa,
cuando abro la puerta a la mañana.

Cada una con su pequeña vida
me alegra el día,
y agradezco al cielo
la fortuna que en mí ha derramado
sin saber por qué,
y me alegro doblemente
por darme cuenta de ello,
porque es la manera más pacífica que conozco,

más sublime,
de meterme en el torbellino de la vida,
de admirarla y ser parte de ella,
hasta que mis mañanas se acaben,
y sea alma bella
como las flores de mis macetas.

43. PERCEPCION

A veces mi alma está serena,
todo fluye como acariciado por aceite
y mis ojos salen más al exterior,
disfrutan, y se paran en lo que les rodea.

Mis labios hablan con cualquiera,
y con cualquiera se ríen.

Hasta con la lluvia
que tanto me entristecía
me complazco,
porque riega mi huerta.

Pero hay días
que un puñal hiere mi corazón,
y todo hierve,
todo es denso, furioso,
el cielo se pinta de rojo,
y en mi pecho se descomponen simientes
que hacía poco eran apacibles,
y como cuando abonan el campo,
todo a mi alrededor hiede,
es turbio y fuerte.

Es necesario que pase el tiempo,
que el agua venga
y que el sol caliente,
para que, como del abono,
surjan las plantas con fuerza,
y, como el fermento del mosto,

haga transparente su fondo;
que el azúcar se convierta en alcohol
y no sea tan dulce,
pero cure las heridas
y alegre el alma,
como la vida.

Es necesario sentir todos los momentos,
saborearlos,
como el amargor del cianuro
que penetra en la lengua
y nada lo quita,
o como el agridulce de una naranja
fresca como una fuente
y que te deja el anhelo de otra,
como una noche de amor sincero
de las que se guarda su sabor siempre
y siempre que se repite
cala en el alma,
dejándola flotando
hasta la mañana siguiente.

Hoy brindo por la vida
con la suavidad de tus caricias
y con la pena de una muerte,
con la hipnosis de una candela,
con la alegría de una nevada
en una casa caliente.

Brindo por la vida
hasta que la luz me la quite de mis ojos
para siempre.

44. LA ETERNIDAD

Los sentimientos
me atan la garganta
con una guita fuerte,
y mis lágrimas se quedan colgando
de mis ojos ausentes.

Se va al galope mi juventud
y mis fuerzas se acortan
como los días de invierno
con las ilusiones dentro.

Mi campo de bienestar se reduce
en el espacio
y se alarga tanto en intensidad
y en instantes,
que, si no fuera porque el tiempo de vida se

                                    acorta,
pensaría que es uno de mis mejores momentos.

O, a lo mejor por eso,
es el mejor momento.

Me recuerda a los últimos días
de las vacaciones de verano, siendo niña,
que eran tan maravillosas esas tardes
que no quería
que terminaran nunca.

Es tanto agrado el que siento
con la rutina de mi vida

que la plasmaría en un cuadro,
la ataparía con toda su belleza,
su luz, su sonido quedo,
la cosería a mi alma
para que eso fuera la eternidad,
para que estos instantes que hoy sorbo
sean el agua que tome hasta el final,
y no importe
si el final
sea cercano,
o esté lejos.

45. EL LIBRO

"El sol de los gitanos"
sale y entra
constantemente en el cielo hoy,
y mis ojos,
que se empeñan
en leer en la ventana,
tratan de acoplarse a su luz.

En un momento
el aire ha barrido con fuerza
todas las nubes,
y la pequeña acacia del balcón
apenas puede sujetarse en su tallo
porque Eolo la empuja con saña.

Pero desde dentro de la casa
es todo suave, apacible,
como una coraza me protege
y como en un buen sueño
quiero que siga esta situación
que me mece complacidamente.

Sólo mi pensamiento, a veces,
está reñido con mi entorno,
y pinta cuadros de pesadillas
que aprisa borro,
dejando, otra vez,
la mente abierta
para que sólo entre el exterior
que, casi siempre,

es menos terrible que lo de dentro.

Y sigo observando las nubes
que corren deprisa para no sé dónde,
y sigo con los ojos en el libro
que me traga hasta su pozo,
perdiéndome gustosa en su trama
y no sabiendo lo veloz del tiempo
entre sus hojas tatuadas.

46. ACOPLAMIENTO

La noche está cerrada
y el silencio es casi absoluto.

Las hojas de tu libro,
un poco inquieto,
me hacen percibir la calma
que me atrapa
como si me encadenara
en su cárcel callada.

La luz de la lámpara alumbra intensa
tus manos
y tu cara en la sombra encerrada
se dedica a seguir todas las líneas
como si fuera un ritual
que noche tras noche
formularas,
de comunicación continua,
de tu presencia hacia mí,
de tu acercamiento,
que comparto mano a mano
con tus libros,
de tu silencio
que me guardo dentro
como ofrenda
a una diosa amada.

Yo que necesitaba
el bregar dulce de las noches
y acunarme con largas charlas,

he ido cambiándolo por silencios
apenas cortados
por caricias tenues como la brisa,
o por miradas que te robo
con la vida de mucho tiempo adivinada,
y te sigo o me sigues
en multitud de silencios
que pautan nuestras noches
como la de una playa solitaria,
con la vida intensa en su vientre
de agua y arena amasada,
salpicadas de pequeñas coquinas
que agujerean la playa.

47. CALLE CORTES 1990

A veces la muerte parece serena,
su rostro guarda la paz
y confunde mi pensamiento.

Cuando encaro la vida
la siento pujante, llena,
me rocía de aromas
de caricias ciertas
y brinca fuerte
como una yegua sin jinete.

La sombra de "la negra" me penetra
como la lanza fría del desamor,
como la muerte.

Me parece atroz,
pienso que detrás de su espalda
todo es incierto, cortante,
y me enloquece;
no me atrevo
a adentrarme más en su alma insegura,
en su imagen de duda.

Pero cuando llego a "mi calle"
tan alejada de mi vida,
sus colores diversos
de ropas, de caras, de muertes,
su bullicio a rastras,
su alegría ausente,
los gritos en las caras,

tantos ojos cerrados
tantos cuerpos casi yacentes
que recuerdan al "Cachorro"
que va expirando
esquina tras esquina,
rodeado de gente
con otras vidas que apenas se tocan,
se cruzan,
y los niños que crecen
mirándose en espejos negros
y con la música de los lamentos
y la furia del dolor
dentro de sus vientres.

Me parece, compañera última,
que tu manto de noche
es una buena alianza.

Y sólo entonces
en "mi calle" he visto
rostros serenos, paz en la frente
y llantos ausentes.

Sólo lloramos algunos por sus vidas,
sólo a veces.

48. DESPUES DE LA NEVADA

(Yendo a Santurce a trabajar)

Hoy ha salido el sol
partiendo apenas las tinieblas
con sus débiles puntas amarillas.

Yo, al verlo,
he saltado de alegría en mi interior,
me he dispuesto
para beberme la mañana
sorbo a sorbo, saboreándola despacio,
hoja a hoja, con toda mi alma.

El frío de la noche
aún en mis manos
me ha parado apenas,
y sin prisas
me he tragado toda la luz
que entraba por mis ojos
por mi boca, por mis dedos,
hasta embriagarme de claridad
enredándome en ella
para que no se me caiga
cuando anochezca.

Es tan suave su caricia
y tan sincera
como el amor de los amantes
que comienza de noche
con lánguida entrega,

pero cuando te prende su fuego
te quemas
y toda la mañana ardes
porque la piel se acuerda.

Su aroma ha impregnado mi cuerpo
y embarnecida
me siento más llena,
como la luz
cuando te atraviesa.

Quizás el amor y la luz
tengan el mismo corazón
y las mismas cosas los enciendan.

49. LOS BARROTES

Mi alma vomita sentimientos de seda,
como hilos salen de su boca,
impregnando el aire de ellos,
y como hilos se enredan
en mi mente,
haciendo una cama ligera y blanda,
tan suave,
que mi corazón late
fuerte y resuelto con su presencia.

Mi cuerpo a veces encarcela a mis sentimientos,
no sé por qué motivo,
no sé con qué intento
se hace carcelero mi cuerpo
de mis pobres sentimientos.

El miedo lo atenaza,
sus barrotes se hacen más rígidos
agarrotando mis músculos
y haciendo de acero,
cada vez más recio,
sus barreras.

Ya no son imaginarias,
son tan reales,
que una tenaza
atrapa mi corazón
dejándolo herido y cansado.

Ya se asusta del esfuerzo,

parándose mis piernas
en las cuestas,
y él, mi corazón,
galopando, asombrado,
como un caballo,
cada vez que un obstáculo,
aunque sea pequeño,
se interpone en su camino
de incansable romero sin destino.

Pero la seda
está en el fondo de mi alma
y lo apacigua
las más de las veces,
tratando de envolverlo.

Sólo tendría que dejarse cubrir
por las olas apacibles
de los amores sinceros
tantas veces vividos,
sin atemorizarse por otros recuerdos,
pero es difícil dejarse llevar
aunque sea por "amores buenos"
para alguien que ha galopado
toda su vida
con las bridas bien sujetas
y firmes las piernas al vientre de la yegua
para que no ceda ni un milímetro
a su fiel instinto
suave y sereno,
y que tan claro tenía
el sendero por el que caminar.

Yo que era jinete
en mala hora dominé a la yegua
que ahora, insegura,
cree perderse en sus sentimientos,
en su instinto,
en su sendero.

Y nada es más cierto
que su caminar era libre,
libre y verdadero,
aunque a veces le pusiera barrotes,
fuertes y recios,
de acero.

50. DESEO

Mi espíritu se agita
cuando tu presencia siento
y mi cuerpo bulle enérgico
como una caldera con sosa al fuego.

Como por opio ensalmada, floto
nada más imaginar tu llegada,
pero tan lúcida como una mañana,
después de un largo descanso,
me encuentro.

No paran mis anhelos ante tu droga
y me acelero,
como una bola de nieve
descendiendo por una empinada ladera.

Y sólo parece
que respiro oxígeno puro
de tanto como mi corazón corre,
de tanto como te espero.

En ti quiero pararme,
en mi noche abandonarnos,
y sueño que tu sueño
sea igual al mío,
que tu deseo con el mío se compare,
que mi corazón se sacie con el tuyo,
y se serene,
para poder saborear la noche,
y la alegría al día nos invada,

que la brisa sea tu beso
y tu beso roce mi alma.

No te dejaré ahora que me encuentro
y te encuentro,
ahora que tu aire respiro
y con él mi vida se aferra a tu alma.

Tu nombre lo pronuncio serena
con tu aliento aceleras mi savia,
mis sentidos,
acelero tu corazón cuando quiero
y te llevo sellado a mi piel
y dentro del alma.

www.ingramcontent.com/pod-product-compliance
Lightning Source LLC
Chambersburg PA
CBHW070859280326
41934CB00008B/1505